Inhalt

Branchenreport TRANSPORT & LOGISTIK
Ausgabe 1/2011

Kernthesen

Beitrag

Zahlen und Fakten

Weiterführende Literatur

Impressum

Branchenreport TRANSPORT & LOGISTIK Ausgabe 1/2011

Robert Reuter

Kernthesen

- Die Logistikbranche wird wahrscheinlich schon in diesem Jahr die Rekordwerte des letzten Vor-Krisenjahres 2008 übertreffen.
- Deutschland ist auch in der Krise Europas Logistikstandort Nummer 1 geblieben und wird den Abstand zu den europäischen Wettbewerbern weiter ausbauen.
- Alle fünf Transportwege haben 2010 zugelegt, wenn auch in unterschiedlichem Maße. Die geringsten Zuwachsraten verzeichnete der Straßengüterverkehr,

Spitzenreiter ist die Luftfracht mit einem Plus von 21,8 Prozent.
- Bei der Deutschen Post übertreffen die Gewinne aus dem Logistikgeschäft erstmals die Erlöse aus dem angestammten Briefgeschäft.

Beitrag

Der deutsche Logistikmarkt

Die deutsche Logistikbranche hat die Finanzkrise so gut überstanden wie kaum ein anderer Wirtschaftszweig. Der Einbruch im Jahr 2009, der den Logistikern ein Umsatzminus von rund zehn Prozent bescherte, ist bereits im vergangenen Jahr zu einem beträchtlichen Teil ausgeglichen worden. Etwa um sieben Prozent wuchs die deutsche Logistikwirtschaft im Jahr 2010, fünf bis sechs Prozent wird das Plus im laufenden Jahr betragen. Damit hätten die Logistikbetriebe den historischen Einschnitt von 2009 innerhalb von nur zwei Jahren wieder egalisiert. Gerechnet wird mit einem Umsatzniveau von 222 Milliarden Euro, womit die Umsatzhöhe des letzten Rekordjahres 2008 übertroffen würde.

Die sehr gute Verfassung der Logistikwirtschaft wirkt

sich auch auf die Zahl der Beschäftigten aus. Schon im vergangenen Jahr arbeiteten wieder 2,75 Millionen Menschen in der Logistik, was dem Beschäftigungsgrad der Vorkrisenzeit entsprach. Für 2011 prognostiziert die Bundesvereinigung Logistik (BVL) einen Anstieg der Beschäftigten auf 2,8 Millionen Arbeitskräfte. (1), (2), (3), (5)

Europäischer Logistikmarkt

Deutschland gilt innerhalb Europas als das wichtigste Land für den Transport und für Logistikdienstleistungen. Auf dem zweiten Platz liegt Frankreich, dessen Markt aber nur gut halb so groß ist wie der deutsche. Experten glauben, dass sich der Abstand der hiesigen Logistikwirtschaft zu den europäischen Wettbewerbern weiter vergrößern wird. Fünf bis sechs Prozent soll die Branche in Deutschland jährlich zulegen, nur vier bis fünf Prozent sind es in den übrigen europäischen Märkten. Insgesamt wird sich das weltweite Transportaufkommen, aktuellen Studien zufolge, bis 2030 im Vergleich mit 2005 verdoppeln. 75 Prozent des Wachstums werden dabei für den Straßengüterverkehr abfallen. (2), (4)

Unternehmen im Markt

Die **Deutsche Post DHL** gilt als der größte Logistikanbieter weltweit und befindet sich darüber hinaus auf einem eindrucksvollen Wachstumskurs. So hat das Unternehmen sein operatives Ergebnis 2010 um satte fünfzig Prozent gegenüber dem Vorjahr steigern können. Der Umsatz wuchs im vergangenen Jahr um 11,4 Prozent auf 51,5 Milliarden Euro. Damit verdienten die Bonner unter dem Strich 2,5 Milliarden Euro und damit viermal so viel wie im Vorjahr. Seit ihrem Börsengang hat die Deutsche Post noch nie einen derartig hohen Gewinn erzielt. Das Ergebnis kommt allerdings insbesondere durch den Verkauf der Postbank an die Deutsche Bank zustande. Dieser Einmaleffekt wird sich nicht wiederholen lassen.

Insgesamt profitiert der Logistikkonzern vom Konjunkturaufschwung, während das angestammte Briefgeschäft weiter an Boden verliert. Die wachstumsstarken DHL-Sparten Express, Global Forwarding und Supply Chain haben das Ergebnis des traditionellen Briefgeschäfts darum 2010 erstmals übertroffen. Die internationale Spedition DHL Global Forwarding konnte dabei ihre Spitzenposition in den wichtigsten Luftfrachtmärkten Europas und Nordamerikas verteidigen. Wie schon 2008 war DHL auch im vergangenen Jahr das Top-Frachtunternehmen in den USA und Kanada. (6), (7), (8)

Der zweite Branchenriese aus Deutschland ist die

Deutsche Bahn. Das Unternehmen profitiert ebenfalls von der allgemeinen Wirtschaftsbelebung, ist von den Rekordzahlen des Jahres 2008 aber noch ein gutes Stück entfernt. Insgesamt hat die Deutsche Bahn 2010 ein operatives Ergebnis von 1,87 Milliarden Euro erzielt, was gegenüber 2009 ein Plus um 10,7 Prozent bedeutet. Damit liegt der Konzern noch immer um 25 Prozent unter dem Top-Ergebnis von 2008. Der Gesamtumsatz lag bei 32,5 Milliarden Euro, nach 29,4 Milliarden Euro im Jahr 2009.

Für das Logistikgeschäft im DB-Konzern zuständig ist die Unternehmenstochter **DB Schenker**, die zum Konzernbereich DB Mobility Logistics gehört. Die für das Schienengütergeschäft verantwortliche DB Schenker Rail konnte innerhalb des Gesamtkonzerns im letzten Jahr den größten Gewinnsprung verzeichnen. Da der Schienengüterverkehr der DB 2010 um 12,6 Prozent wuchs, stieg das Ergebnis um 201 Millionen Euro. Gleichzeitig baute DB Schenker Rail kräftig Arbeitsplätze ab. Die Belegschaft schrumpfte um 4,5 Prozent auf 32 600 Vollzeitkräfte.

Unzufrieden ist der Konzern mit den Ergebnissen der europäischen Tochterunternehmen. DB Schenker Rail UK, Euro CargoRail (Frankreich) und DB Schenker Rail Polska (Polen) liefern nach Aussage des Vorstands noch immer unbefriedigende Zahlen.

Auch DB Schenker Logistics steuerte einen der höchsten Anteile zum positiven Konzernergebnis bei.

Das Unternehmen konnte die Zahl der Sendungen im europäischen Landverkehr um 15,4 Prozent steigern. Das Luftfrachtvolumen nahm um 18,7, das Seefrachtvolumen um 15,7 Prozent zu. Die Kontraktlogistik verbuchte ein Plus von 13,7 Prozent. Insgesamt steigerte die Logistiksparte der Deutschen Bahn den Umsatz 2010 um 26,7 Prozent. (9), (10), (11)

Ein sehr gutes Geschäftsjahr hat 2010 **Lufthansa Cargo** erlebt. Nur ein Jahr nach dem schlechtesten Ergebnis der Firmengeschichte konnte das Unternehmen nun das bisher beste Jahresergebnis seiner Geschichte präsentieren. Der operative Gewinn lag bei 310 Millionen Euro - 2009 war noch ein Minus von 171 Millionen Euro zu beklagen. Der Umsatz erreichte mit 2,8 Milliarden Euro annähernd Vorkrisenniveau. Die gute Geschäftsentwicklung wird sich 2011 den Prognosen zufolge fortsetzen. Lufthansa Cargo hat seine Luftfrachtkapazitäten darum im ersten Quartal dieses Jahres um 23 Prozent erhöht. Dafür wurden bisher stillgelegte Frachter reaktiviert und wieder in Dienst gestellt. (17), [Abb. 2]

Teilsparten des Transportwesens

Straßengüterverkehr
Die Güterverkehrsleistung ist in Deutschland im Jahr 2010 stark gewachsen - nämlich um 7,1 Prozent. Damit wurden im vergangenen Jahr 622,9 Milliarden

Tonnenkilometer erreicht. Für 2010 erwarten Experten einen Gesamtanstieg der Güterverkehrsleitung um fünf Prozent auf dann 644,4 Milliarden Tonnenkilometer. Der Höchststand von 2008, der sich auf 655,5 Milliarden Tonnenkilometer belief, wäre damit immer noch ein gutes Stück entfernt.

Den höchsten Anteil der Beförderungsmenge bewältigt traditionell die Straße. 2010 wurden 77 Prozent aller Güter mit LKW transportiert. Die Beförderungsmenge betrug 3,1 Milliarden Tonnen, was gegenüber dem Vorjahr ein Plus um 1,2 Prozent bedeutet. Die Beförderungsleistung nahm um 5,5 Prozent auf 437 Milliarden Tonnenkilometer zu.

Trotz dieser Steigerungen sind die Umsätze der Speditionen deutlich gesunken. So wurden im LKW-Verkehr 66,8 Milliarden Euro umgesetzt, das sind 5,9 Prozent weniger als 2009. Diese Zahl spiegelt sich auch in den vorhandenen LKW-Kapazitäten wider. So sank die Zahl gemeldeter LKW von früher 1,9 Millionen auf nur noch 1,79 Millionen. Rund ein Drittel der Transportunternehmen erwartet, dass das laufende erste Halbjahr 2011 schlechter ausfällt als der Vorjahreszeitraum. Experten sehen die Spediteure allerdings im Vorwärtsgang: Sie prognostizieren der Straße für 2011 ein Transportplus um 5,5 Prozent. Damit würde der Straßengüterverkehr stärker wachsen als alle anderen Verkehrswege. (12), (13)

Schienengüterverkehr

Weit besser als der Straßenverkehr hat sich 2010 der Schienengüterverkehr entwickelt. Die Transportmenge stieg um 13,9 Prozent auf 355 Millionen Tonnen. Die tonnenkilometrische Leistung legte um 11,9 Prozent auf 107,2 Milliarden Tonnenkilometern zu. Der wichtigste Wachstumsmotor für die Schiene war die wieder anziehende Transportnachfrage der Stahlproduzenten. (14), (16), (17)

Seeschifffahrt
Auch die Seeschifffahrt hat die Segel gesetzt und arbeitet sich Stück für Stück aus den Dellen des Jahres 2009 heraus. Im vergangenen Jahr gelang dies mit einer transportierten Gütermenge von 275 Millionen Tonnen. Damit wuchs die Seeschifffahrt um 6,1 Prozent. Die Transportleistung stieg sogar um 12,1 Prozent, so dass die Reeder schon im letzten Jahr das Niveau von 2008 wieder erreichen konnten.

Der Seegüterumschlag deutscher Häfen legte 2010 um fünf Prozent zu. Noch stärker wuchs der Containerverkehr, der sogar um zehn Prozent expandierte. Die Umschlagmenge betrug 276 Millionen Tonnen und damit 44,6 Millionen Tonnen unter dem Wert des letzten Rekordjahres 2008. (15), (17), [Abb. 1]

Binnenschifffahrt
Sehr gut hat sich 2010 auch die Binnenschifffahrt entwickelt. Hier wuchs die Beförderungsmenge um 14

Prozent auf 233 Millionen Tonnen. Bei der Beförderungsleistung wurde ein Plus von 13,7 Prozent auf 63,1 Milliarden Tonnenkilometer erzielt. Das hohe Wachstum geht insbesondere auf den ansteigenden Containerverkehr und auf die hohe Transportnachfrage der Stahlproduzenten zurück. Im laufenden Jahr sollen die Wachstumsraten nach Ansicht von Experten hingegen wieder deutlich geringer aus fallen. Erwartet wird eine Zunahme von nur noch zwei Prozent. (16), (17)

Luftfracht
Noch stärker als Binnenschiff und Schiene ist die Luftfracht im vergangenen Jahr expandiert. So nahm die transportierte Fracht um 21,8 Prozent zu. Auch die Kapazitätsauslastung der Flotten nahm zu. Sie lag im Krisenjahr 2009 nur noch bei 48,6 Prozent, stieg aber im letzten Jahr auf 53,8 Prozent. Von einer befriedigenden Auslastung der Cargoflieger sind die Anbieter mithin immer noch weit entfernt. Auch ist der Markt im Vergleich mit dem Güteraufkommen der übrigen Transportwege klein. Gerade einmal 4,1 Millionen Tonnen wurden 2010 per Flugzeug bewegt. (17)

Trends

Die Straßen werden schlechter

Keine guten Perspektiven haben die öffentlichen Haushalte für die Spediteure zu bieten. Zehn Milliarden Euro müssten die Kommunen jährlich in die Straßen stecken, um sie betriebssicher zu halten. Tatsächlich investiert werden jedoch nur fünf Millionen Euro. Die Folgen der klammen Kassen sind schon jetzt überall zu besichtigen: Der strenge Winter hat die Zahl der Schlaglöcher noch einmal deutlich erhöht. 2010 haben die Kommunen trotz des schlechten Zustandes vieler Straßen so wenig für die Erhaltung und die Reparatur ausgegeben wie seit zwei Jahrzehnten nicht mehr. (18)

Zahlen & Fakten

Abbildung 1: Wieder auf Kurs

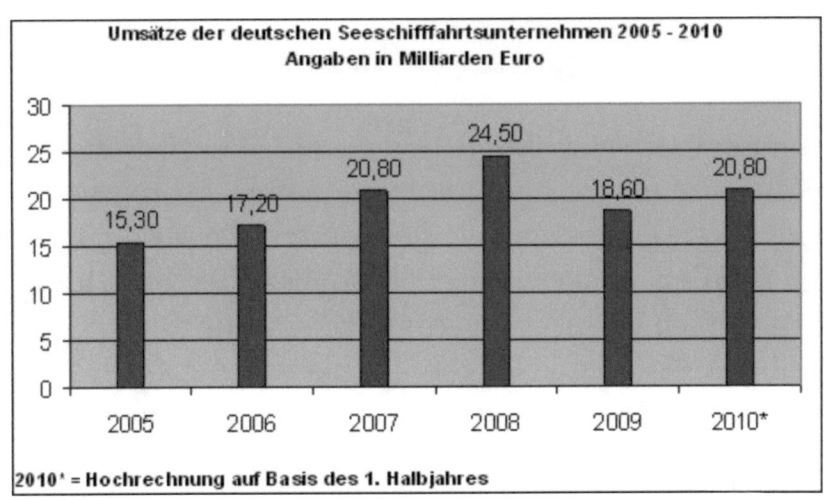

Quelle: Verband Deutscher Reeder (VDR), Deutsche Bundesbank

Entnommen aus: Frankfurter Allgemeine Zeitung, 11.02.2011, S. 19, (20)

Abbildung 2: Top Fluggesellschaften nach Marktkapitalisierung 2010

Fluggesellschaft	Marktkapitalisierung in Milliarden Dollar
Air China	20
Singapore Airlines	14
Cathay Pacific	12
China Southern	11
LATAM	11
Delta Airlines	10

Quelle: International Air Transport Association
Entnommen aus: airportbusiness, 16.12.2010, S. 1, (19)

Weiterführende Literatur

(1) Für die Logistiker wird 2011 ein Rekordjahr
aus VDI NR. 17 VOM 29.04.2011 SEITE 4

(2) Deutscher Logistikmarkt ist beim Wachstum Spitze
aus DVZ, Nr. 04 vom 08.01.2011

(3) Logistikmarkt steuert 2011 wieder auf Rekordniveau
aus DVZ, Nr. 126 vom 21.10.2010

(4) Logistikmarkt bleibt hart umkämpft
aus DVZ, Nr. 44 vom 13.04.2010

(5) Gehälter in der Logistik legen 2010 kräftig zu
aus DVZ, Nr. 29 vom 08.03.2011

(6) Die Deutsche Post DHL hat den operativen Gewinn im Geschäftsjahr 2010 deutlich gesteigert und dabei die im Jahresverlauf bereits angehobene Prognose übertroffen.

aus KEP-Nachrichten Nr. 10 vom 11. März 2011

(7) Rekordgewinn durch Postbank-Verkauf erzielt
aus Verkehrs Rundschau, Heft 11/2011, S. 13

(8) DHL verteidigt Spitzenposition
aus DVZ, Nr. 122 vom 12.10.2010

(9) DB hat Vorkrisenniveau noch nicht erreicht
aus DVZ, Nr. 40 vom 02.04.2011

(10) DB-Logistik erholt sich schnell
aus DVZ, Nr. 41 vom 05.04.2011

(11) See- und Luftfracht treiben KN an
aus DVZ, Nr. 47 vom 19.04.2011

(12) Erwartungen auf der Straße sind gedämpft
aus DVZ, Nr. 52 vom 30.04.2011

(13) Güterverkehr ist fast wieder auf Vorkrisenniveau
aus DVZ, Nr. 38 vom 29.03.2011

(14) Schenker hofft auf das große Geld
aus DVZ, Nr. 12 vom 27.01.2011

(15) Hamburg bläst zur Aufholjagd
aus DVZ, Nr. 20 vom 15.02.2011

(16) Güterverkehrswachstum schwächt sich 2011 ab
aus DVZ, Nr. 53 vom 03.05.2011

(17) Transportaufkommen 2010 übertraf 4,085 Mrd. Tonnen
aus F+H Fördern und Heben, Heft 04/2011, S. 113

(18) Deutsches Straßennetz verfällt
aus DIE WELT, 26.04.2011, Nr. 98, S. 9

(19) International: Top Fluggesellschaften 2010
aus airportbusiness, 16.12.2010, S. 1

(20) International, D: Kennzahlen der Schifffahrt 2000-2011
aus Frankfurter Allgemeine Zeitung, 11.02.2011, S. 19

Impressum

Branchenreport TRANSPORT & LOGISTIK Ausgabe 1/2011

Bibliografische Information der deutschen Nationalbibliothek

Die Deutsche Nationalbibliothek verzeichnet diese Publikation in der deutschen Nationalbibliografie; detaillierte bibliografische Daten sind im Internet über http://dnb.d-nb.de abrufbar.

ISBN: 978-3-7379-1945-6

© 2015 GBI-Genios Deutsche Wirtschaftsdatenbank GmbH, Freischützstraße 96, 81927 München, www.genios.de

Alle Rechte vorbehalten. Dieses Werk ist einschließlich aller seiner Teile – z.B. Texte, Tabellen und Grafiken - urheberrechtlich geschützt. Jede Verwertung außerhalb der Grenzen des Urheberrechtsgesetzes bedarf der vorherigen Zustimmung des Verlags. Dies gilt insbesondere auch für auszugsweise Nachdrucke, fotomechanische Vervielfältigungen (Fotokopie/Mikroskopie), Übersetzungen, Auswertungen durch Datenbanken oder ähnliche Einrichtungen und die Einspeicherung und Verarbeitung in elektronischen Systemen.